PROJETO ÁPIS

EDUCAÇÃO INFANTIL

DANTE E NOEMI

NATUREZA E SOCIEDADE

DE ACORDO COM A BNCC

LUIZ ROBERTO DANTE

- LIVRE-DOCENTE EM EDUCAÇÃO MATEMÁTICA PELA UNIVERSIDADE ESTADUAL PAULISTA "JÚLIO DE MESQUITA FILHO" (UNESP-SP), *CAMPUS* DE RIO CLARO
- DOUTOR EM PSICOLOGIA DA EDUCAÇÃO: ENSINO DA MATEMÁTICA PELA PONTIFÍCIA UNIVERSIDADE CATÓLICA DE SÃO PAULO (PUC-SP)
- MESTRE EM MATEMÁTICA PELA UNIVERSIDADE DE SÃO PAULO (USP)
- LICENCIADO EM MATEMÁTICA PELA UNESP-SP, RIO CLARO
- PESQUISADOR EM ENSINO E APRENDIZAGEM DA MATEMÁTICA PELA UNESP-SP, RIO CLARO
- EX-PROFESSOR DO ENSINO FUNDAMENTAL E DO ENSINO MÉDIO NA REDE PÚBLICA DE ENSINO
- AUTOR DE LIVROS PARA A EDUCAÇÃO BÁSICA

NOEMI BIANCHINI

- DOUTORA EM SOCIOLOGIA DA EDUCAÇÃO PELO PROGRAMA EDUCAÇÃO, HISTÓRIA, POLÍTICA E SOCIEDADE DA PONTIFÍCIA UNIVERSIDADE CATÓLICA DE SÃO PAULO (PUC-SP)
- MESTRA EM EDUCAÇÃO ESCOLAR PELA UNIVERSIDADE ESTADUAL PAULISTA "JÚLIO DE MESQUITA FILHO" (UNESP-SP), *CAMPUS* DE ARARAQUARA
- PÓS-GRADUADA EM TEORIA E CRÍTICA LITERÁRIA PELA UNESP-SP, ARARAQUARA
- LICENCIADA EM LETRAS E PEDAGOGIA PELA FACULDADE DE FILOSOFIA, CIÊNCIAS E LETRAS DE ARARAS (FFCLA)
- EXPERIÊNCIA COMO SUPERVISORA E COORDENADORA DE CONTEÚDOS PARA CURSOS DE FORMAÇÃO DE PROFESSORES
- EX-PROFESSORA DOS CURSOS DE GRADUAÇÃO E PÓS-GRADUAÇÃO NAS ÁREAS DE CURRÍCULO, LEGISLAÇÃO, GESTÃO E ALFABETIZAÇÃO
- EX-PROFESSORA DO ENSINO FUNDAMENTAL E DO ENSINO MÉDIO NAS REDES PÚBLICA E PARTICULAR DE ENSINO

1

editora ática

editora ática

Presidência: Mario Ghio Júnior
Direção editorial: Lidiane Vivaldini Olo
Gerência editorial: Viviane Carpegiani
Gestão de área: Tatiany Renó
Edição: Luciana Nicoleti (coord.), Marina S. Lupinetti (coord.) e Daniella Drusian Gomes
Planejamento e controle de produção: Flávio Matuguma, Juliana Batista, Felipe Nogueira e Juliana Gonçalves
Revisão: Kátia Scaff Marques (coord.), Brenda T. M. Morais, Claudia Virgilio, Daniela Lima, Malvina Tomáz e Ricardo Miyake
Arte: André Gomes Vitale (ger.), Catherine Saori Ishihara (coord.) e Kleber de Messas (edição de arte)
Diagramação: R2 Design
Iconografia e tratamento de imagem: Denise Kremer e Claudia Bertolazzi (coord.), Fernanda Gomes (pesquisa iconográfica) e Fernanda Crevin (tratamento de imagens)
Licenciamento de conteúdos de terceiros: Roberta Bento (ger.), Jenis Oh (coord.), Liliane Rodrigues, Flávia Zambon e Raísa Maris Reina (analistas de licenciamento)
Ilustração: Biry Sarkis
Cartografia: Eric Fuzii (coord.) e Robson Rosendo da Rocha
Design: Erik Taketa (coord.) e Talita Guedes (proj. gráfico e capa)
Projeto gráfico: Estúdio Apis Design
Ilustração de capa: Barlavento Estúdio Criativo

Avenida Paulista, 901, 6º andar – Bela Vista
São Paulo – SP – CEP 01310-200
http://www.somoseducacao.com.br

Dados Internacionais de Catalogação na Publicação (CIP)

Dante, Luiz Roberto
Projeto Ápis : Educação infantil : Natureza e sociedade : volume 1 ao 3 / Luiz Roberto Dante, Noemi Bianchini. -- 2. ed. -- São Paulo : Ática, 2020.
(Projeto Ápis ; vol. 1 ao 3)

Bibliografia

1. Educação infantil 2. Meio ambiente - Educação infantil 3. Sociedade - Educação infantil I. Título II. Bianchini, Noemi III. Série

20-1429 CDD 372

Angélica Ilacqua - Bibliotecária - CRB-8/7057

2020
Código da obra CL 750426
CAE 721319 (AL) / 721320 (PR)
ISBN 9788508195909 (AL)
ISBN 9788508195916 (PR)
2ª edição
1ª impressão
De acordo com a BNCC.

Impressão e acabamento Gráfica Elyon

Uma publicação SOMOS EDUCAÇÃO

Biry Sarkis/Arquivo da editora

A **COLEÇÃO ÁPIS EDUCAÇÃO INFANTIL** CHEGA ATÉ VOCÊ TRAZENDO MUITO APRENDIZADO!

COM UMA LINGUAGEM SIMPLES E ATRAENTE, OS CONTEÚDOS ACOMPANHAM SUA EVOLUÇÃO E SEU DESENVOLVIMENTO.

COMPARTILHE, APRENDA E DIVIRTA-SE!

DANTE E NOEMI

CONHEÇA SEU LIVRO

ESTA É A **TURMA DO GUI**, QUE VAI ACOMPANHAR VOCÊ DURANTE O ANO TODO.

GUI RAFAEL CLARA BIA IVO

Ilustrações: Bry Sarkis/Arquivo da editora

MATERIAL DE APOIO — SEMPRE QUE VOCÊ ENCONTRAR ESTE ÍCONE SIGNIFICA QUE **HÁ PEÇAS E FIGURAS A SEREM DESTACADAS** NO FINAL DO LIVRO.

SUGESTÃO DE... — TODA VEZ QUE APARECER O BOXE **SUGESTÃO DE...** VOCÊ VAI ENCONTRAR INDICAÇÕES DE MATERIAIS QUE COMPLEMENTAM OS TEMAS TRABALHADOS NO LIVRO, AMPLIANDO SEU APRENDIZADO!

- ESTAS SÃO AS SEÇÕES DE SEU LIVRO:

AS **ABERTURAS DE UNIDADE** INTRODUZEM O TEMA.

NA SEÇÃO **HORA DO JOGO E DA BRINCADEIRA**, VOCÊ RETOMA OS CONCEITOS TRABALHADOS COM ATIVIDADES LÚDICAS E JOGOS QUE TORNAM SEU APRENDIZADO MUITO MAIS DIVERTIDO!

A SEÇÃO **VAMOS CRIAR?** DESAFIA VOCÊ A USAR A IMAGINAÇÃO E A CRIATIVIDADE PARA PENSAR EM SOLUÇÕES, PRODUZIR E APRENDER MUITO!

A SEÇÃO **HORA DA CURIOSIDADE** TRAZ ATIVIDADES QUE AMPLIAM, DE FORMA CRIATIVA E DIVERTIDA, ALGUM ASSUNTO ESTUDADO.

SUMÁRIO

UNIDADE 1

QUANTO TEMPO O TEMPO TEM! 7

Ilustrações: Biry Sarkis/Arquivo da editora

UNIDADE 2

TEMPO EM FAMÍLIA...27

SUMÁRIO

UNIDADE 3

TEMPO NA NATUREZA 51

Biry Sarkis/Arquivo da editora

UNIDADE 4

TEMPO DE ESCOLA 75

MATERIAL DE APOIO

Biry Sarkis/Arquivo da editora

UNIDADE 1

QUANTO TEMPO O TEMPO TEM!

Biry Sarkis/Arquivo da editora

COMO ESTÁ O TEMPO HOJE?

TURMA DO GUI

GUI TEM VÁRIOS AMIGOS NA ESCOLA: BIA, RAFAEL, CLARA E IVO. ELES ESTÃO SEMPRE JUNTOS.

Biry Sarkis/Arquivo da editora

• VOCÊ TAMBÉM TEM AMIGOS NA ESCOLA? E FORA DA ESCOLA?

QUE PRESENTE LEGAL!

GUI GANHOU DOS AVÓS UM PRESENTE DE ANIVERSÁRIO MUITO DIFERENTE.

Biry Sarkis/Arquivo da editora

- VOCÊ JÁ VIU ALGO PARECIDO COM O PRESENTE QUE O GUI GANHOU? SABE PARA QUE SERVE?

O MEU ANIVERSÁRIO

TODO ANO FAZEMOS ANIVERSÁRIO. COMO O TEMPO PASSA!

- O QUE VOCÊ FAZ NO DIA DO SEU ANIVERSÁRIO? CONTE À TURMA E FAÇA UM DESENHO PARA MOSTRAR!

RELÓGIOS

• ACOMPANHE A LEITURA DO POEMA FEITA PELO PROFESSOR.

TEMPO DOS PONTEIROS

UMA MENINA COLECIONA RELÓGIOS.
DE PAPEL, DE PLÁSTICO, DE LOUÇA, DE BRONZE, DE MADEIRA.
RELÓGIOS DE ANTES E DE AGORA.
RELÓGIOS GRANDES E PEQUENOS.
RELÓGIOS DE BRINCAR E DE USAR.
DE PULSO, DE BOLSO, DE MESA, DE PAREDE.
ELA GOSTA TAMBÉM DE RECORTAR RELÓGIOS DE REVISTAS.

POEMAS DO TEMPO, DE NINFA DE FREITAS PARREIRAS. SÃO PAULO: PAULINAS, 2009. P. 11.

Ilustrações: Biry Sarkis/Arquivo da editora; Banco de imagens/Arquivo da editora

• EXISTEM MUITOS TIPOS DE RELÓGIO. VOCÊ SABE PARA QUE ELES SERVEM?

ESTE É O MEU RELÓGIO!

- ACOMPANHE A LEITURA QUE O PROFESSOR VAI FAZER DESTES VERSOS:

PASSA, TEMPO, TIC-TAC
TIC-TAC, PASSA, HORA

O RELÓGIO, DE VINICIUS DE MORAES. DISPONÍVEL EM: <www.viniciusdemoraes.com.br/pt-br/poesia/poesias-avulsas/o-relogio>. ACESSO EM: 4 SET. 2019.

- AGORA, VAMOS CRIAR UM RELÓGIO?

QUE HORAS SÃO, SEU LOBO?

REGRAS

1. UM ALUNO É ESCOLHIDO PARA SER O "LOBO". ELE DEVE FICAR DE COSTAS PARA TODOS OS OUTROS PARTICIPANTES.
2. OS DEMAIS PARTICIPANTES FICAM DISTANTES DO "LOBO" E DEVEM PERGUNTAR A ELE: "QUE HORAS SÃO, SEU LOBO?".
3. QUANDO O "LOBO" DISSER AS HORAS, OS DEMAIS PARTICIPANTES DÃO O MESMO NÚMERO DE PASSOS EM DIREÇÃO AO "LOBO" (5 PASSOS PARA 5 HORAS, 2 PASSOS PARA 2 HORAS, E ASSIM POR DIANTE).
4. EM SEGUIDA, PERGUNTAM: "ESTÁ PRONTO, SEU LOBO?". O "LOBO" RESPONDE: "ESTOU TOMANDO BANHO", OU "ESTOU ALMOÇANDO", OU "ESTOU DESCANSANDO", ETC.
5. QUANDO OS DEMAIS PARTICIPANTES ESTIVEREM BEM PERTO DO "LOBO", A RESPOSTA SERÁ: "HORA DO JANTAR". AÍ O LOBO TENTA PEGAR UM DOS PARTICIPANTES, E TODOS DEVEM FUGIR.
6. O PARTICIPANTE QUE FOR PEGO SERÁ O "LOBO" NA PRÓXIMA JOGADA.

Biry Sarkis/Arquivo da editora

O DIA E A NOITE

ALGUMAS CRIANÇAS GOSTAM MAIS DO DIA. OUTRAS GOSTAM MAIS DA NOITE.

Stefano Ember/Shutterstock

PAISAGEM DIURNA DA CIDADE DE OLINDA (PE), EM 2017.

Biry Sarkis/Arquivo da editora

Leo Caldas/Pulsar Imagens

PAISAGEM NOTURNA DA CIDADE DE OLINDA (PE), EM 2017.

- MARQUE COM UM ✕ A IMAGEM DO PERÍODO DO DIA DE QUE VOCÊ MAIS GOSTA.

SUGESTÃO DE LIVRO

Reprodução/Editora Ática

DIA E NOITE, DE MARY FRANÇA E ELIARDO FRANÇA. SÃO PAULO: ÁTICA, 2015.

ACOMPANHE A LEITURA FEITA PELO PROFESSOR.

DIA DE SOL

NO FINAL DE UM DIA BEM ENSOLARADO, O SOL FICA AMARELO. OBSERVE QUANTAS COISAS, ALÉM DO SOL, SÃO AMARELAS NA NATUREZA.

Victor Hugo K F/Shutterstock

PÔR DO SOL EM BRASÍLIA (DF), EM 2019.

Josemar Franco/Shutterstock

ARARAJUBA

Delfim Martins/Pulsar Imagens

IPÊ-AMARELO EM SÃO ROQUE DE MINAS (MG), EM 2017.

Viktar Malyshchyts/Shutterstock

MELÃO

Nata-Lia/Shutterstock

PIMENTÃO

Viktar Malyshchyts/Shutterstock

BANANA

- VOCÊ SE LEMBRA DE MAIS ALGUMA COISA DE COR AMARELA? SE SIM, CONTE AOS COLEGAS.

O SOL E O GIRASSOL

VOCÊ SABE POR QUE ME CHAMO GIRASSOL?

- PINTE AS PÉTALAS DO GIRASSOL. DEPOIS, COLE SEMENTES DE GIRASSOL PARA COMPLETAR A FLOR.

Foto: Sk Hasan Ali/Shutterstock; Ilustração: Banco de imagem/Arquivo da editora

CÉU AZUL

NA NATUREZA, ALGUMAS COISAS TÊM A COR AZUL. O CÉU É UMA DELAS.

Fotoadicta/Shutterstock

- CONTORNE OUTRAS COISAS AZUIS QUE VOCÊ JÁ VIU NA NATUREZA.

Vilor/Shutterstock

FLOR.

Elnur/Shutterstock

ARARA-AZUL.

Production Perig/Shutterstock

BORBOLETA.

Napat/Shutterstock

PEIXE.

O CÉU E O SOL

- DESENHE E PINTE O SOL NO CÉU AZUL.

Biry Sarkis/Arquivo da editora

O VENTO

VOCÊ SABE O QUE É O VENTO?

VENTO É AR EM MOVIMENTO...

CLIMA, AS DESCOBERTAS COMEÇAM COM UMA PALAVRA, DE PENELOPE ARLON. SÃO PAULO: CARAMELO, 2007. P. 8. (COLEÇÃO PRIMEIRAS DESCOBERTAS).

• QUAL É A BRINCADEIRA QUE PRECISA DO VENTO? MARQUE COM UM ✕.

Ilustrações: Biry Sarkis/Arquivo da editora

PARA QUE LADO O VENTO SOPRA?

OBSERVE A FOTOGRAFIA ABAIXO.

Dotta2/Arquivo da editora

- VAMOS FAZER UMA EXPERIÊNCIA PARA DESCOBRIR A DIREÇÃO EM QUE O VENTO SOPRA? SIGA AS ORIENTAÇÕES DO PROFESSOR.

O VENTO E AS BANDEIRAS

OBSERVE AS IMAGENS A SEGUIR.

Jiri Flogel/Shutterstock

Jiri Flogel/Shutterstock

- CONTORNE A BANDEIRA QUE ESTÁ NO LUGAR ONDE O VENTO ESTÁ MAIS FORTE.

DIA NUBLADO

MATERIAL DE APOIO

- OUÇA ATENTAMENTE A ADIVINHA E TENTE DESCOBRIR A RESPOSTA.

QUANDO SOU BRANCA,
PAREÇO ALGODÃO.
SE FICO ESCURA,
CORRA QUE LÁ VEM CHUVA.
QUEM SOU EU?

ADIVINHAS E TRAVA-LÍNGUAS, DE LIBSA.
SÃO PAULO: CARAMELO, 2009. P. 78.

- DESTAQUE, MONTE E COLE AS PEÇAS DA **PÁGINA 3** PARA COMPLETAR A FIGURA.

Olgatit63/Shutterstock

DIA DE CHUVA

- BRINQUE DE RECITAR A PARLENDA COM OS COLEGAS.

SOL E CHUVA
CASAMENTO DA VIÚVA.
CHUVA E SOL
CASAMENTO DO ESPANHOL.

PARLENDA POPULAR.

Biry Sarkis/Arquivo da editora

- POR QUE VOCÊ ACHA QUE CHOVE?
- PINTE O GUARDA-CHUVA COMO PREFERIR.

BARQUINHO DE PAPEL

- ACOMPANHE A LEITURA DO PROFESSOR.

BARQUINHO DE PAPEL

ESTÁ CHOVENDO,
VOU COLOCAR
MEU BARQUINHO DE PAPEL
PRA ENXURRADA LEVAR.

MÚSICA NA PRÉ-ESCOLA, AMARELINHA 1 (CD), DE ZÉLIA BARROS DE MORAES.
SÃO PAULO: PAULINAS, 1996. FAIXA 1.

Biry Sarkis/Arquivo da editora

- E VOCÊ, JÁ BRINCOU COM BARQUINHO DE PAPEL?

COM QUE ROUPA EU VOU?

- PINTE AS ROUPAS E OS OBJETOS QUE COSTUMAMOS USAR EM UM DIA QUENTE.
  DEIXE-OS BEM COLORIDOS!

Ilustrações: Biry Sarkis/Arquivo da editora

COMO ESTÁ O TEMPO?

• OBSERVE AS DUAS CENAS.

Ilustrações: Biry Sarkis/Arquivo da editora

• CONTORNE DE A CENA EM QUE ESTÁ FAZENDO FRIO.

• CONTORNE DE A CENA EM QUE ESTÁ FAZENDO CALOR.

UNIDADE 2

TEMPO EM FAMÍLIA

Biry Sarkis/Arquivo da editora

O QUE AS PESSOAS DA SUA FAMÍLIA COSTUMAM FAZER ANTES DE DORMIR?

LÁ EM CASA, TIQUE-TAQUE!

OBSERVE O QUE A BIA FAZ EM UM DIA.

Biry Sarkis/Arquivo da editora

- CONTE AOS COLEGAS O QUE VOCÊ FAZ EM UM DIA.

BOM DIA!

- ACOMPANHE A LEITURA FEITA PELO PROFESSOR E, DEPOIS, TENTE RESPONDER À PERGUNTA.

A CAMA FICA BONITA
SE NELA ME ESTENDER.
DURANTE O INVERNO
SIRVO PARA AQUECER.
QUEM SOU EU?

ADIVINHAS E TRAVA-LÍNGUAS, DE LIBSA.
SÃO PAULO: CARAMELO, 2009. P. 39.

Biry Sarkis/Arquivo da editora

- PINTE O COBERTOR DE IVO UTILIZANDO AS CORES INDICADAS PELOS NÚMEROS.

1 2 3 4

SONS DA MANHÃ

- OBSERVE A IMAGEM E IDENTIFIQUE OS SONS QUE IVO OUVE PELA MANHÃ.

Biry Sarkis/Arquivo da editora

- QUAL É O SOM QUE VOCÊ COSTUMA OUVIR PELA MANHÃ?

CAFÉ DA MANHÃ

OBSERVE OS ALIMENTOS MOSTRADOS NAS IMAGENS ABAIXO.

DenisNata/Shutterstock

SUCO DE LARANJA

Somchai Som/Shutterstock

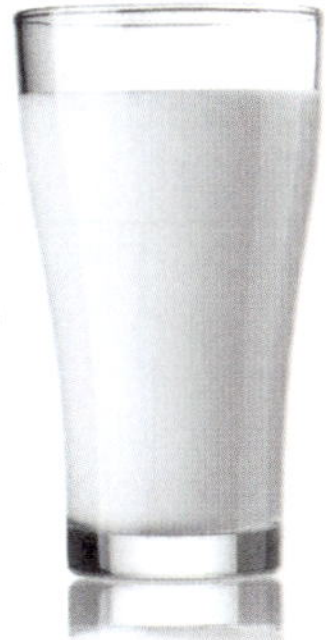

LEITE

Diana Taliun/Shutterstock

IOGURTE

saras66/iStock/Getty Images

PÃO

ayarx oren/Shutterstock

BISCOITOS/BOLACHAS

baibaz/Shutterstock

MAÇÃ

Ian 2010/Shutterstock

BANANA

Fernando Branco - AeroCam/Shutterstock

CUSCUZ

Luiz Rocha/Shutterstock

MACAXEIRA/MANDIOCA/AIPIM

Leo Fernandes/Shutterstock

TAPIOCA

- O QUE VOCÊ COSTUMA CONSUMIR NO SEU CAFÉ DA MANHÃ? MARQUE COM UM ✕.

BEM LIMPINHO, BEM CUIDADO

- DESTAQUE AS CENAS DA **PÁGINA 3**.
- COLE AS CENAS NA SEQUÊNCIA EM QUE VOCÊ COSTUMA FAZER SUA HIGIENE DE MANHÃ.

MATERIAL DE APOIO

- MARQUE COM UM ✖ O QUE VOCÊ FAZ SEM PRECISAR DE AJUDA.

EU ADORO BRINCAR!

DEPOIS DE TOMAR O CAFÉ DA MANHÃ E CUIDAR DA HIGIENE, É HORA DE BRINCAR!
OBSERVE AS IMAGENS ABAIXO.

Biry Sarkis/Arquivo da editora

- PINTE UM BRINQUEDO COM QUE VOCÊ COSTUMA BRINCAR QUANDO ESTÁ EM CASA.

PASSEIO DE BICICLETA

- TRACE O CAMINHO QUE BIA E O PAI DELA FAZEM QUANDO VÃO PASSEAR DE BICICLETA NO PARQUE.

Biry Sarkis/Arquivo da editora

VAMOS AJUDAR?

ANTES DE ALMOÇAR E IR À ESCOLA, CLARA GUARDA OS BRINQUEDOS EM UMA CAIXA.

Biry Sarkis/Arquivo da editora

- VOCÊ TAMBÉM GUARDA SEUS BRINQUEDOS QUANDO TERMINA DE BRINCAR COM ELES? CONTE À TURMA.
- DESENHE UMA TAREFA QUE VOCÊ COSTUMA FAZER EM CASA PARA AJUDAR AS PESSOAS QUE MORAM COM VOCÊ.

ANIMAIS DE ESTIMAÇÃO

MATERIAL DE APOIO

CONHEÇA ALGUNS CUIDADOS QUE PRECISAMOS TER COM OS ANIMAIS DE ESTIMAÇÃO.

- DESTAQUE AS FIGURAS DA **PÁGINA 5** E COLE-AS ABAIXO.

- QUAIS DESSES CUIDADOS É PRECISO TER COM UM ANIMAL DE ESTIMAÇÃO TODOS OS DIAS? MARQUE COM UM ✕.
- VOCÊ TEM ALGUM ANIMAL DE ESTIMAÇÃO EM CASA? CONTE AOS COLEGAS.

O ALMOÇO ESTÁ PRONTO!

- RECITE A PARLENDA COM O PROFESSOR E OS COLEGAS. DEPOIS, OBSERVE AS IMAGENS.

UM, DOIS,
FEIJÃO COM ARROZ.
TRÊS, QUATRO,
FEIJÃO NO PRATO.
CINCO, SEIS,
FEIJÃO INGLÊS.
SETE, OITO,
COMER BISCOITO.
NOVE, DEZ,
COMER PASTÉIS.

PARLENDA POPULAR.

NeblettStudio/Shutterstock

New Africa/Shutterstock

Jobz Fotografia/Shutterstock

Natalia Mylova/Shutterstock

- QUAL DOS PRATOS ACIMA VOCÊ GOSTARIA DE COMER NO ALMOÇO? CONTORNE.

ALIMENTAÇÃO SAUDÁVEL

- CANTE A CANTIGA POPULAR A SEGUIR COM O PROFESSOR E OS COLEGAS.

COMER, COMER,
COMER, COMER,
É O MELHOR PARA PODER CRESCER.

CANTIGA POPULAR.

UMA ALIMENTAÇÃO SAUDÁVEL É BEM COLORIDA. OBSERVE ESTE PRATO. ELE PARECE SAUDÁVEL?

diogoppr/Shutterstock

- DESENHE UM PRATO COM OS ALIMENTOS QUE VOCÊ COMEU NO SEU ÚLTIMO ALMOÇO.

HORA DO JOGO E DA BRINCADEIRA

BINGO DOS ALIMENTOS SAUDÁVEIS

MATERIAL DE APOIO

REGRAS

1. CONVIDE UM COLEGA PARA JOGAR.
2. DESTAQUE AS FICHAS DA **PÁGINA 7**.
3. JUNTE SUAS FICHAS COM AS DE SEU COLEGA E COLOQUEM CADA UMA DELAS COM A FIGURA VIRADA PARA BAIXO.
4. EM CADA JOGADA, AS FICHAS VÃO SENDO VIRADAS UMA A UMA E COLOCADAS NO LUGAR CORRESPONDENTE.
5. VENCE O JOGO QUEM PREENCHER UMA LINHA DE QUADROS PRIMEIRO.

B	I	N	G	O

O QUE TEM PARA O JANTAR?

QUE BELA SOPA!

- DESTAQUE AS FIGURAS DA **PÁGINA 7** E COLE AS CENAS NA SEQUÊNCIA CORRETA.

MATERIAL DE APOIO

1

2

3

Biry Sarkis/Arquivo da editora

COMO VOCÊ COME?

CADA TALHER SERVE PARA UM TIPO DE ALIMENTO. PODEMOS, AINDA, UTILIZAR NOSSAS MÃOS PARA PEGAR ALGUNS ALIMENTOS.

mythja/Shutterstock

Artit Wongpradu/Shutterstock

naito29/Shutterstock

Poleijphoto/Shutterstock

- COMO VOCÊ COSTUMA FAZER SUAS REFEIÇÕES? MARQUE COM UM ✕.

DEPOIS DE JANTAR

- DESENHE O QUE VOCÊ COSTUMA FAZER DEPOIS DO JANTAR E ANTES DE DORMIR.

BOA NOITE!

GUI ESTÁ COM SONO E VAI DORMIR. ANTES DE IR PARA A CAMA, ELE SEMPRE DESEJA BOA-NOITE AOS PAIS DELE.

- PINTE O PIJAMA DE GUI.

Biry Sarkis/Arquivo da editora

UM POUCO DA MINHA HISTÓRIA

• ACOMPANHE A LEITURA FEITA PELO PROFESSOR E, DEPOIS, TENTE RESPONDER À ADIVINHA.

Ilustrações: Biry Sarkis/Arquivo da editora

O QUE É, O QUE É?
QUE É MEU,
MAS MEUS AMIGOS
USAM MAIS DO QUE EU?

ADIVINHA POPULAR.

• PEÇA A UM ADULTO QUE PREENCHA OS DADOS DA FICHA COM VOCÊ.

MEU NOME É: ________________________________

EU NASCI EM: ________________________________

NO DIA: ________________________________

• CONTORNE ABAIXO A QUANTIDADE DE DEDOS QUE CORRESPONDE À SUA IDADE.

A CIDADE ONDE MORO

OBSERVE ESTAS FOTOGRAFIAS.

Luis War/Shutterstock

BELO HORIZONTE (MG), EM 2019.

Luciano Queiroz/Pulsar Imagens

TRINDADE (GO), EM 2019.

- CONTORNE A FOTOGRAFIAS DA CIDADE QUE MAIS SE PARECE COM AQUELA EM QUE VOCÊ MORA.

ONDE MORO TEM...

- NO LUGAR ONDE VOCÊ MORA EXISTE ALGUMA PAISAGEM PARECIDA COM AS PAISAGENS DAS FOTOS? SE EXISTIR, CONTORNE-A.

bonandbon/Shutterstock

Andre Dib/Pulsar Imagens

Andre Dib/Pulsar Imagens

Karina ka fotos/Shutterstock

edusma7256/Shutterstock

João Prudente/Pulsar Imagens

ONDE MORAM OS VIZINHOS?

GUI MORA EM UM PRÉDIO E TEM DOIS VIZINHOS: IVO E BIA.

GUI MORA NO ANDAR DO MEIO, ONDE HÁ BELAS FLOREIRAS. IVO MORA NO ANDAR DE CIMA E BIA MORA NO ANDAR DE BAIXO.

Biry Sarkis/Arquivo da editora

- CONTORNE DE AS JANELAS DO APARTAMENTO DE IVO.
- FAÇA UM X NAS JANELAS DO APARTAMENTO DE BIA.

ONDE AS PESSOAS TRABALHAM?

EXISTEM MUITAS PROFISSÕES. CONHEÇA A PROFISSÃO DE ALGUNS FAMILIARES DE GUI.

Ilustrações: 3iry Sarkis/Arquivo da editora

PAI

AVÔ

MÃE

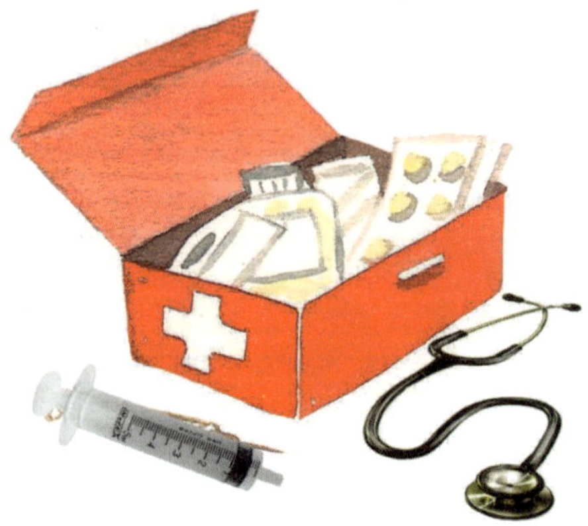

- LIGUE CADA PROFISSIONAL AOS OBJETOS QUE ELE UTILIZA NO SEU TRABALHO.

LÁ VOU EU

PODEMOS NOS LOCOMOVER DE VÁRIAS MANEIRAS. VEJA A CENA ABAIXO.

Biry Sarkis/Arquivo da editora

- CONTORNE OS MEIOS DE TRANSPORTE QUE SE LOCOMOVEM PELO AR.
- FAÇA UM ✖ NOS MEIOS DE TRANSPORTE QUE SE LOCOMOVEM PELA ÁGUA.
- CONVERSE COM OS COLEGAS SOBRE OS CUIDADOS QUE SE DEVE TER AO UTILIZAR ESTES MEIOS DE TRANSPORTE: CARROS, ÔNIBUS, MOTOS E BICICLETAS.

PARA LÁ, PARA CÁ

MATERIAL DE APOIO

- DESTAQUE AS IMAGENS DA **PÁGINA 9** E COLE APENAS OS MEIOS DE TRANSPORTE QUE SUA FAMÍLIA COSTUMA USAR PARA SE LOCOMOVER.

UNIDADE 3

TEMPO NA NATUREZA

Biry Sarkis/Arquivo da editora

QUE ANIMAIS EXISTEM NA NATUREZA?

NASCER, CRESCER E TORNAR-SE ADULTO

MATERIAL DE APOIO

- DESTAQUE AS IMAGENS DA **PÁGINA 11** E COLE-AS NA SEQUÊNCIA CORRETA PARA MOSTRAR A EVOLUÇÃO DOS SERES VIVOS, DO NASCIMENTO ATÉ A IDADE ADULTA.

Tim Belyk/Shutterstock

Samuel Borges Photography/Shutterstock

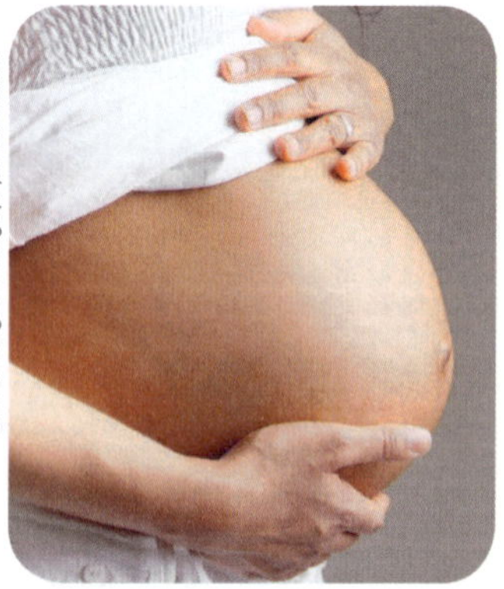

JIL Photo/Shutterstock

FILHOS E FILHOTES

OBSERVE ESTAS IMAGENS.

PACO COMO/Shutterstock

iStockphoto/Getty Images

Diane Kuhl/Shutterstock

olgagorovenko/Shutterstock

Biry Sarkis/Arquivo da editora

- SERÁ QUE TODOS ESSES FILHOTES FICARAM NA BARRIGA DA MÃE ANTES DE NASCER?
- VOCÊ ACHA QUE ELES FICARAM MAIS TEMPO OU MENOS TEMPO DO QUE VOCÊ FICOU NA BARRIGA DE SUA MÃE?

HORA DA CURIOSIDADE

ANIMAIS MAMÍFEROS

MATERIAL DE APOIO

- DESTAQUE AS PEÇAS DA **PÁGINA 13**, MONTE O QUEBRA-CABEÇA E CONHEÇA OUTROS MAMÍFEROS.

Biry Sarkis/Arquivo da editora

ANIMAIS QUE NASCEM DE OVOS

CONHEÇA ALGUNS ANIMAIS QUE NASCEM DE OVOS.

Eileen Kumpf/Shutterstock

Massimiliano Paolino/Shutterstock

David Evison/Shutterstock

JHVEPhoto/Shutterstock

Alamy/Fotoarena

Moment RF/Getty Images

- VOCÊ CONHECE OUTRO ANIMAL QUE NASCE DO OVO? CONTE AOS COLEGAS.

ONDE ESTÃO OS OVOS?

VOCÊ JÁ VIU UMA GAIVOTA?

- CONTORNE O NINHO DA GAIVOTA NA IMAGEM.

ASAS PARA VOAR

- OBSERVE O TUIUIÚ. COMO O TUIUIÚ FAZ PARA VOAR? CONVERSE COM OS COLEGAS.

Design Pics RF/Getty Images

Biry Sarkis/Arquivo da editora

QUAIS SÃO OS ANIMAIS QUE VOAM?

• DESCUBRA OUTROS ANIMAIS QUE VOAM E CONTORNE-OS.

Vladimirkarp/Shutterstock

irin-k/Shutterstock

irin-k/Shutterstock

Independent birds/Shutterstock

Akil Rolle-Rowan/Shutterstock

fivespots/Shutterstock

kzww/Shutterstock

Dirk Ercken/Shutterstock

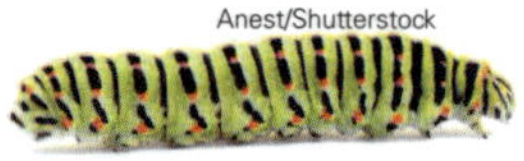
Anest/Shutterstock

Eric Isselee/Shutterstock

Martina_L/Shutterstock

ANIMAIS, ANIMAIS E MAIS ANIMAIS...

OS ANIMAIS DOMÉSTICOS PODEM VIVER EM CASA, JUNTO COM AS PESSOAS.
OS ANIMAIS SILVESTRES PRECISAM VIVER EM SEU AMBIENTE NATURAL.

OBSERVE ESTES ANIMAIS.

Erni/Shutterstock

Rosa Jay/Shutterstock

Anan Kaewkhammul/Shutterstock

Perla Sofia/Shutterstock

Marijus Auruskevicius/Shutterstock

Jennay Hitesman/Shutterstock

apple2499/Shutterstock

Eric Isselee/Shutterstock

- CONTORNE OS ANIMAIS DOMÉSTICOS.

ANIMAIS DOMÉSTICOS

MATERIAL DE APOIO

- ESCOLHA UM ANIMAL DOMÉSTICO NA **PÁGINA 13** QUE VOCÊ TEM OU GOSTARIA DE TER. COLE-O ABAIXO.

ANIMAIS QUE VIVEM NO MAR

ACOMPANHE A LEITURA DO POEMA
FEITA PELO PROFESSOR.

MAR

NO MAR,
TEM SIRI E OSTRA,
MARISCO E LAGOSTA,
BICHOS BONITOS,
BICHOS ESQUISITOS.

O MAR
É LINDO E GOZADO.
A GENTE ENTRA DOCE
E SAI SALGADO.

ZUM-ZUM-ZUM E OUTRAS POESIAS, DE LALAU E LAURABEATRIZ.
SÃO PAULO: COMPANHIA DAS LETRINHAS, 2007. P. 62.

- QUE OUTROS ANIMAIS VIVEM NO MAR?
DESENHE UM QUE VOCÊ CONHECE.

FLORESTAS, SAVANAS E GELEIRAS

CONHEÇA OUTROS AMBIENTES NATURAIS ONDE VIVEM ALGUNS ANIMAIS.

nwdph/Shutterstock

ELEFANTE

Andre Dib/Pulsar Imagens

ARARA-VERMELHA

isabel kendzior/Shutterstock

URSO-POLAR

- QUAL DESSES ANIMAIS VIVE EM UM AMBIENTE FRIO? MARQUE COM UM ✖.

A FORMIGA

ACOMPANHE A LEITURA FEITA PELO PROFESSOR.

Biry Sarkis/Arquivo da editora

PRA FAZER A SUA CASA
A FORMIGA CAVA FUNDO.
FAZ TÚNEL PRA TODO LADO
PRA QUE MORE TODO MUNDO.

CASINHA DE BICHOS, DE HARDY GUEDES ALCOFORADO FILHO. SÃO PAULO: SCIPIONE, 1997. (COLEÇÃO DO-RÉ-MI-FÁ).

- DESENHE MAIS FORMIGAS E PINTE O FORMIGUEIRO.
- O QUE VOCÊ ACHA QUE AS FORMIGAS LEVAM PARA O FORMIGUEIRO? CONVERSE COM OS COLEGAS.

VOCÊ ME CONHECE?

- ESTE ANIMAL SE ALIMENTA DE FORMIGAS. VOCÊ SABE QUE ANIMAL É ELE?

Fabio Colombini/Acervo do fotógrafo

- DESENHE NO QUADRO O ALIMENTO QUE ELE GOSTA DE COMER.

HUM... EU GOSTO DISSO!

- OBSERVE AS FOTOS DA PRIMEIRA LINHA E DESCUBRA O QUE CADA ANIMAL GOSTA DE COMER.
- LIGUE CADA ANIMAL AO RESPECTIVO ALIMENTO.

Super Prin/Shutterstock

AVE

Andrey Pugachev/Shutterstock

VACA

National Geographic/Getty Images

LAGARTO

Dawn Balaban/Shutterstock

FLOR

D. Kucharski K. Kucharska/Shutterstock

MINHOCA

Irin-k/Shutterstock

GRAMA

JOGO DA MEMÓRIA: ANIMAIS DO BRASIL

MATERIAL DE APOIO

REGRAS

1. COM A AJUDA DO PROFESSOR, DESTAQUE AS PEÇAS DO JOGO DA MEMÓRIA DA **PÁGINA 15**.
2. VIRE TODAS AS PEÇAS, DEIXANDO A IMAGEM PARA BAIXO, E ORGANIZE-AS NO CHÃO OU SOBRE UMA MESA.
3. ESCOLHA DUAS PEÇAS E VIRE-AS PARA CIMA. O OBJETIVO É SEMPRE ENCONTRAR DUAS PEÇAS IGUAIS.
4. SE AS DUAS PEÇAS ESCOLHIDAS FOREM IGUAIS, MUITO BEM! SEPARE-AS DE LADO.
5. SE AS DUAS PEÇAS FOREM DIFERENTES, VIRE-AS PARA BAIXO NOVAMENTE, DEIXANDO-AS SEMPRE NO MESMO LUGAR.
6. ESCOLHA MAIS DUAS PEÇAS E VIRE-AS. FAÇA ISSO ATÉ REUNIR TODAS AS PEÇAS IGUAIS.
7. O JOGO DA MEMÓRIA ACABA QUANDO TODAS AS PEÇAS IGUAIS ESTIVEREM JUNTAS.

Biry Sarkis/Arquivo da editora

PELOS OU PENAS?

OBSERVE ESTES ANIMAIS.

Kuttelvaserova Stuchelova/Shutterstock

GATO

Panbazil/Shutterstock

PATO

- EM QUE ELES SÃO DIFERENTES?
- EM UMA FOLHA DE PAPEL SULFITE, DESENHE ANIMAIS PARECIDOS COM O GATO E ANIMAIS PARECIDOS COM O PATO.

ANIMAIS LENTOS

MATERIAL DE APOIO

- DESTAQUE AS PEÇAS DA **PÁGINA 17**. DEPOIS, MONTE O QUEBRA-CABEÇA E DESCUBRA ALGUNS ANIMAIS QUE SE MOVIMENTAM BEM DEVAGAR.

O QUE VOCÊ ACHA QUE ACONTECEU?

ACOMPANHE A LEITURA DA TIRINHA E OBSERVE AS CENAS.

DE QUEM É ESSE COELHO?, DE MAURICIO DE SOUSA. PORTO ALEGRE: L&PM, 2012. P. 72.

- NA SUA OPINIÃO, POR QUE A MÃE DO CEBOLINHA ESTÁ BRAVA COM ELE?
- PINTE O DESENHO. DEIXE O JABUTI BEM COLORIDO!

UM PASSEIO NO ZOOLÓGICO

MATERIAL DE APOIO

BIA FOI AO ZOOLÓGICO E TIROU UMA FOTO DO LEÃO.

- DESTAQUE AS IMAGENS DA **PÁGINA 19** E COLE CADA PARTE PARA FORMAR A FOTO QUE BIA TIROU.
- QUAL DOS ANIMAIS ABAIXO TAMBÉM APARECE NA FOTO QUE A MENINA TIROU? MARQUE COM UM **X**.

Super Prin/Shutterstock

Smileus/iStock/Getty Images

Eric Isselee/Shutterstock

Ilustrações: Biry Sarkis/Arquivo da editora

UM PASSEIO NA FAZENDA

CLARA FOI A UMA FAZENDA E CONHECEU MUITOS ANIMAIS.

VanderWolf Images/Shutterstock
Aksenova Natalya/Shutterstock
Tsekhmister/Shutterstock
panda3800/Shutterstock
Eric Isselee/Shutterstock
Biry Sarkis/Arquivo da editora

- QUE SONS CLARA DEVE TER OUVIDO QUANDO SE APROXIMOU DESSES ANIMAIS? IMITE O SOM DELES.
- CONTORNE OS ANIMAIS QUE VOCÊ CONHECE.

MEU ANIMAL PREFERIDO

- QUAL É O ANIMAL DE QUE VOCÊ MAIS GOSTA? FAÇA UM DESENHO DELE COM SEU FILHOTE.

O VERDE NA NATUREZA

OBSERVE ESTAS IMAGENS.

Andre Dib/Pulsar Imagens

MATA NEBULAR DA CIDADE DE URUBICI (SC), EM 2019.

MontenegroStock/Shutterstock

CAATINGA DA CIDADE DE SÃO DOMINGOS DO CARIRI (PB), EM 2018.

- CONTORNE A IMAGEM ONDE SE OBSERVA MAIS A COR VERDE.

ÁRVORES, FOLHAS E FLORES

- OBSERVE ESTAS ÁRVORES E VEJA COMO SÃO BONITAS.

tawin bunkoed/Shutterstock

FIGUEIRA-BENJAMIM

Pond Thananat/Shutterstock

IPÊ-ROSA

Pedro Turrini Neto/Shutterstock

IPÊ-AMARELO

- COLE NOS GALHOS RESTOS DE FOLHAS E FLORES RECOLHIDOS DO CHÃO E MONTE UMA ÁRVORE BEM BONITA.

robuart/Shutterstock

UNIDADE 4

TEMPO DE ESCOLA

Bry Sarkis/Arquivo da editora

QUE ATIVIDADES ACONTECEM NA ESCOLA?

DIA DE AULA

MUITAS CRIANÇAS VÊM À ESCOLA DE MANHÃ, BEM CEDINHO. OUTRAS VÊM À TARDE.

- E VOCÊ, QUANDO VEM À ESCOLA?
- CONTORNE DE [lápis de cor] O MODO COMO VOCÊ VEM À ESCOLA.

A PÉ

DE ÔNIBUS

DE CARRO

Ilustrações: Biry Sarkis/Arquivo da editora

DE BICICLETA

DE BARCO

DE TRANSPORTE ESCOLAR

IR À ESCOLA COM OS COLEGAS

ACOMPANHE A LEITURA DA CANTIGA POPULAR E VEJA O ÔNIBUS ESCOLAR QUE COSTUMA LEVAR GUI E ALGUNS DE SEUS AMIGOS PARA A ESCOLA.

MOTORISTA, MOTORISTA,
OLHA O POSTE, OLHA O POSTE.
NÃO É DE BORRACHA,
NÃO É DE BORRACHA.
VAI BATER, VAI BATER.

CANTIGA POPULAR.

Biry Sarkis/Arquivo da editora

- ONDE ESTÁ GUI? MARQUE COM UM ✕.
- QUANTAS PESSOAS ESTÃO NO ÔNIBUS?

CUIDADOS NO TRÂNSITO

NA CENA A SEGUIR, QUAL DAS DUAS SITUAÇÕES APRESENTA UMA ATITUDE CORRETA NO TRÂNSITO?

Biry Sarkis/Arquivo da editora

• CONVERSE COM OS COLEGAS E, DEPOIS, CONTORNE A SITUAÇÃO CORRETA.

SINAIS DE TRÂNSITO

VEJA OS SINAIS DE TRÂNSITO E CONVERSE COM OS COLEGAS SOBRE CADA UM DELES.

Luis Santos/Shutterstock

Reprodução/Acervo da editora

Reprodução/Arquivo da editora

Reprodução/Arquivo da editora

Reprodução/Arquivo da editora

- QUAL(IS) DELES VOCÊ JÁ CONHECIA? CONTORNE-O(S).

VAMOS CRIAR?

PLACAS DE SINALIZAÇÃO PARA A ESCOLA

MUITAS PESSOAS CIRCULAM POR CORREDORES, SALAS DE AULA E OUTROS ESPAÇOS DA ESCOLA. CONTORNE AS PLACAS DE SINALIZAÇÃO QUE VOCÊ JÁ VIU.

Shaynepplstockphoto/Shutterstock

Reprodução/Acervo da editora

TotemArt/Shutterstock

Reprodução/Acervo da editora

Reprodução/Acervo da editora

Reprodução/Acervo da editora

QUEM TRABALHA NA ESCOLA?

OBSERVE AS IMAGENS.

Ilustrações: Biry Sarkis/Arquivo da editora

- CONTORNE A CENA QUE MOSTRA UMA PROFESSORA LENDO PARA OS ALUNOS.
- VOCÊ SABE QUEM SÃO AS PESSOAS QUE TRABALHAM NA SUA ESCOLA? QUAL É A PROFISSÃO DELAS?

ESCOLA: LOCAL DE FAZER AMIGOS

• TERMINE DE PINTAR A CENA. DEIXE O DESENHO BEM COLORIDO.

Biry Sarkis/Arquivo da editora

• VOCÊ TEM AMIGOS NA ESCOLA?

• CONTE À TURMA QUEM SÃO ELES.

DIA DO BRINQUEDO

COMPARTILHAR NOSSOS BRINQUEDOS COM OS AMIGOS É MUITO BOM!

- QUAL É O BRINQUEDO QUE VOCÊ GOSTA DE LEVAR PARA A ESCOLA? DESENHE-O ABAIXO.

ATIVIDADES ESCOLARES

FAZEMOS MUITAS COISAS INTERESSANTES NA ESCOLA.

• CONTORNE COM GIZ DE CERA A ATIVIDADE QUE VOCÊ MAIS GOSTA DE FAZER NA ESCOLA.

Biry Sarkis/Arquivo da editora

NA MINHA ESCOLA TEM...

OBSERVE OS ESPAÇOS QUE EXISTEM NA ESCOLA DA TURMA DO GUI.

Biry Sarkis/Arquivo da editora

- MARQUE COM UM ✖ OS ESPAÇOS QUE TAMBÉM EXISTEM NA SUA ESCOLA.
- QUAL É O LUGAR DA SUA ESCOLA DE QUE VOCÊ MAIS GOSTA? CONTE AOS COLEGAS.

A HORTA

NA ESCOLA DE CLARA HÁ UMA HORTA.
VEJA SE VOCÊ CONHECE ALGUNS DOS ALIMENTOS CULTIVADOS NA HORTA.

Biry Sarkis/Arquivo da editora

- QUAL(IS) DESSES ALIMENTOS VOCÊ JÁ EXPERIMENTOU? CONTORNE-O(S).

HORA DA CURIOSIDADE

ALIMENTOS CULTIVADOS

MATERIAL DE APOIO

- DESTAQUE DA **PÁGINA 21** OS ALIMENTOS QUE VOCÊ JÁ COMEU E COLE-OS ABAIXO.

Biry Sarkis/Arquivo da editora

UMA VISITA AO POMAR

NO ÚLTIMO FIM DE SEMANA, BIA VISITOU UM POMAR.

hans engbers/Shutterstock

Biry Sarkis/Arquivo da editora

- PESQUISE IMAGENS DE DIFERENTES FRUTAS E COLE-AS NO ESPAÇO ABAIXO.

QUE DELÍCIA!

OBSERVE AS FRUTAS A SEGUIR.

Nandang Hidayat/Shutterstock

GOIABA

FabrikaSimf/Shutterstock

MELANCIA

bergamont/Shutterstock

BANANA

JIANG HONGYAN/Shutterstock

UVA

- DESENHE A FRUTA DE QUE VOCÊ MAIS GOSTA.

QUEM ESTÁ COM FOME?

É HORA DO LANCHE! CUIDAR DE NOSSA HIGIENE PESSOAL É MUITO IMPORTANTE.

- O QUE DEVEMOS FAZER ANTES DE COMER O LANCHE? E DEPOIS?

MATERIAL DE APOIO

ANTES

DEPOIS

Biry Sarkis/Arquivo da editora

- DESTAQUE AS IMAGENS DA **PÁGINA 21** E COLE CADA UMA DELAS NO LUGAR ADEQUADO.

SUGESTÃO DE MÚSICA

Reprodução/Bromélia Filminhos/Som Livre

GALINHA PINTADINHA 3. SOM LIVRE, 2012. OUÇA A CANÇÃO "LAVA A MÃO".

EU GOSTO DE COMER!

NA HORA DO LANCHE MEU ALIMENTO PREFERIDO É...

- DESENHE SEU ALIMENTO PREFERIDO.

LUGAR DE LIXO É NA LIXEIRA

DEPOIS DO LANCHE, ALÉM DE CUIDAR DA NOSSA HIGIENE, É IMPORTANTE JOGAR TODO O LIXO NA LIXEIRA.

OBSERVE AS DUAS CENAS.

☐

☐

Ilustrações: Bry Sarkis/Arquivo da editora

- QUAL CENA MOSTRA UMA ATITUDE QUE CONTRIBUI PARA A PRESERVAÇÃO DO MEIO AMBIENTE? MARQUE-A COM UM ✕.
- AGORA CONVERSE COM OS COLEGAS SOBRE O QUE VOCÊ COSTUMA FAZER COM O LIXO QUE PRODUZ.

SUGESTÃO DE MÚSICA

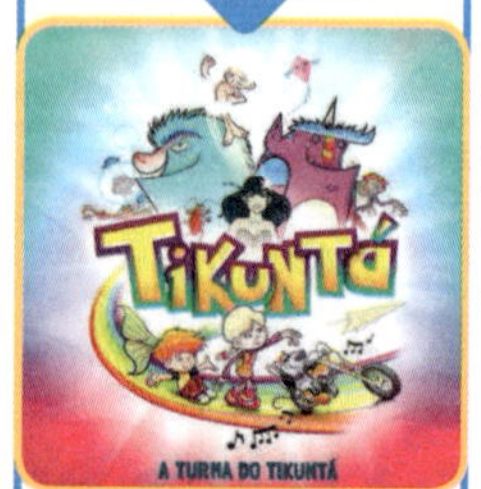

Reprodução/DeckDisc

A TURMA DO TIKUNTÁ, DO GRUPO TIKUNTÁ. DECKDISC, 2014. OUÇA A CANÇÃO “NUM MONTE DE LIXO”.

DIFERENTES TIPOS DE LIXO

NA ESCOLA DE GUI HÁ VÁRIAS LIXEIRAS DE RECICLAGEM. AJUDE CLARA, BIA E IVO A COLOCAR O LIXO NA LIXEIRA CERTA.

- LIGUE CADA CRIANÇA À LIXEIRA ADEQUADA.

Biry Sarkis/Arquivo da editora

VAMOS DESCANSAR UM POUCO?

DEPOIS DO LANCHE, CADA COLEGA DO GUI FAZ UMA COISA DIFERENTE. VEJA A SEGUIR.

Ilustrações: Biry Sarkis/Arquivo da editora

- QUAL DAS ATIVIDADES ACIMA VOCÊ GOSTA DE FAZER PARA RELAXAR? CONTORNE-A.

ATÉ AMANHÃ!

É HORA DE VOLTAR PARA CASA! QUEM VEM ME BUSCAR?

- DESENHE COMO VOCÊ COSTUMA VOLTAR PARA CASA DEPOIS DA AULA.

DOMINÓ DA ROTINA DO GUI

MATERIAL DE APOIO

REGRAS

1. CONVIDE UM AMIGO PARA JOGAR COM VOCÊ.
2. COMBINE QUEM VAI COMEÇAR O JOGO.
3. DESTAQUE AS PEÇAS DO DOMINÓ DA **PÁGINA 23**.
4. EMBARALHE AS PEÇAS E DEPOIS AS DISTRIBUA IGUALMENTE ENTRE VOCÊS.
5. AQUELE QUE FOR COMEÇAR O JOGO COLOCA UMA PEÇA NA MESA. DEPOIS, O OUTRO DEVE COLOCAR UMA PEÇA COM A MESMA FIGURA EM UM DOS LADOS DA PEÇA COLOCADA.
6. SE UM DE VOCÊS NÃO TIVER A FIGURA QUE PRECISA SER COLOCADA PARA CONTINUAR O JOGO, DEVE PASSAR A VEZ.
7. GANHA QUEM USAR TODAS AS PEÇAS PRIMEIRO.

MATERIAL DE APOIO

DIA NUBLADO

FIGURAS PARA A ATIVIDADE DA **PÁGINA 22** DO LIVRO.

olgatit63/Shutterstock

BEM LIMPINHO, BEM CUIDADO

FIGURAS PARA A ATIVIDADE DA **PÁGINA 32** DO LIVRO.

Ilustrações: Biry Sarkis/Arquivo da editora

ANIMAIS DE ESTIMAÇÃO

FIGURAS PARA A ATIVIDADE DA **PÁGINA 36** DO LIVRO.

Oksana Kuzmina/Shutterstock

Digital Vision/Getty Images

Manu Padilla/Shutterstock

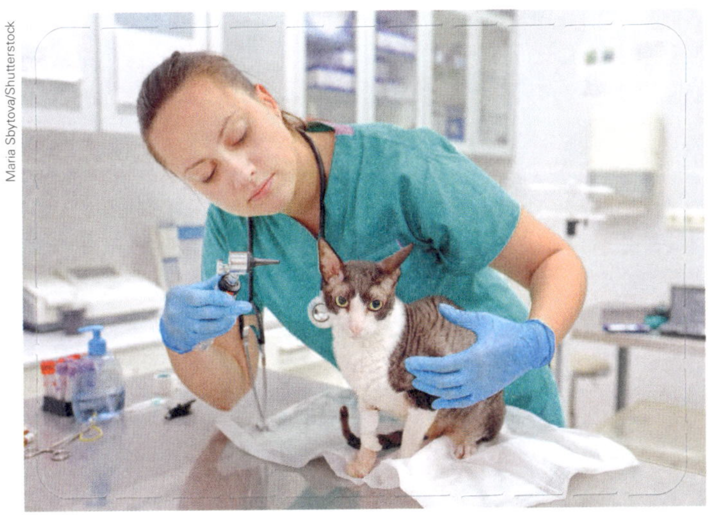

Maria Sbytova/Shutterstock

HORA DO JOGO E DA BRINCADEIRA

FIGURAS PARA A ATIVIDADE DA **PÁGINA 39** DO LIVRO.

O QUE TEM PARA O JANTAR?

FIGURAS PARA A ATIVIDADE DA **PÁGINA 40** DO LIVRO.

Ilustrações: Bry Sarkis/Arquivo da editora

PARA LÁ, PARA CÁ

FIGURAS PARA A ATIVIDADE DA **PÁGINA 50** DO LIVRO.

Christophe Testi/Shutterstock

remik44992/Shutterstock

Kletr/Shutterstock

Eric Isselee/Shutterstock

cifotart/Shutterstock

Stefan Glebowski/Shutterstock

Cardinal arrows/Shutterstock

Vereshchagin Dmitry/Shutterstock

Rawpixel/Shutterstock

NASCER, CRESCER E TORNAR-SE ADULTO

FIGURAS PARA A ATIVIDADE DA **PÁGINA 52** DO LIVRO.

Rov7/Shutterstock

TTstudio/Shutterstock

PCHT/Shutterstock

Photodisc/Getty Images

Corbis/Getty Images

Digital Vision/Getty Images

JIL Photo/Shutterstock

JIL Photo/Shutterstock

JIL Photo/Shutterstock

HORA DA CURIOSIDADE

FIGURAS PARA A ATIVIDADE DA **PÁGINA 54** DO LIVRO.

Morcego: Ivan Kuzmin/Shutterstock; porco: Alexander Raths/Shutterstock; ovelha: Randy Rimland/Shutterstock; cavalo: smereka/Shutterstock; gato: Shvaygert Ekaterina/Shutterstock; macaco: Melinda Nagy/Shutterstock; baleia-azul: Seb c'est bien/Shutterstock; leão: Michael Potter11/Shutterstock; panda: Adel Newman/Shutterstock.

ANIMAIS DOMÉSTICOS

FIGURAS PARA A ATIVIDADE DA **PÁGINA 60** DO LIVRO.

Eric Isselee/Shutterstock

LUIS PADILLA-Fotografia/Shutterstock

Eric Isselee/Shutterstock

TR STOK/Shutterstock

Svetlanistaya/Shutterstock

Eric Isselee/Shutterstock

HORA DO JOGO E DA BRINCADEIRA

FIGURAS PARA A ATIVIDADE DA **PÁGINA 66** DO LIVRO.

Lobo-guará: Anan Kaewkhammul/Shutterstock; tatu-bola: Eric Isselee/Biosphoto/Agência France-Presse; teiú: fivespots/Shutterstock; sabiá: Butterfly Hunter/Shutterstock; capivara: EvergreenPlanet/Shutterstock.

HORA DA CURIOSIDADE

FIGURAS PARA A ATIVIDADE DA **PÁGINA 68** DO LIVRO.

Ilustrações: Biry Sarkis/Arquivo da editora

UM PASSEIO NO ZOOLÓGICO

FIGURAS PARA A ATIVIDADE DA **PÁGINA 70** DO LIVRO.

Ilustrações: Biry Sarkis/Arquivo da editora

HORA DA CURIOSIDADE

FIGURAS PARA A ATIVIDADE DA **PÁGINA 87** DO LIVRO.

bergamont/Shutterstock

Lotus Images/Shutterstock

Binh Thanh Bui/Shutterstock

Maceofoto/Shutterstock

JIANG HONGYAN/Shutterstock

yoshi0511/Shutterstock

QUEM ESTÁ COM FOME?

FIGURAS PARA A ATIVIDADE DA **PÁGINA 90** DO LIVRO.

Ilustrações: Biry Sarkis/Arquivo da editora

HORA DO JOGO E DA BRINCADEIRA

FIGURAS PARA A ATIVIDADE DA **PÁGINA 96** DO LIVRO.

Ilustrações: Biry Sarkis/Arquivo da editora